RUDOLF GERHARDT

DER SCHRITT ZU WEIT

CHRISTLICHE ROCKMUSIK

Christliche
Verlagsgesellschaft
Dillenburg

CIP-Titelaufnahme der Deutschen Bibliothek

Gerhardt, Rudolf:
Der Schritt zu weit : christliche Rockmusik / Rudolf Gerhardt.
— Dillenburg : Christl. Verl.-Ges., 1989

ISBN 3-921292-79-4

Inhalt

Vorwort

Die Liebe zu meinem HERRN und die Notwendigkeit, auf eine Strömung hinzuweisen, die mehr und mehr um sich greift, sind die Basis für die folgenden Ausführungen.

Es geht in diesem Büchlein nicht darum, »Meinungen« überzustülpen oder alles zu verdammen, was mit Musik zu tun hat, sondern es ist als Denkanstoß gedacht, um sich mit einer bestimmten Thematik, in diesem Fall der »christlichen Rockmusik«, ernsthaft auseinanderzusetzen und eine **eigene** Standortbestimmung vorzunehmen.

Ich möchte dieses Buch unter den Leitgedanken aus Röm. 12,2 stellen: »Seid nicht gleichförmig dieser Welt, sondern werdet verwandelt durch die Erneuerung des Sinns, daß ihr prüfen möget, was der Wille Gottes ist: das Gute und Wohlgefällige und Vollkommene.«

Wir sind heute mehr denn je dazu aufgefordert, das zu prüfen was uns angeboten wird, und hier ist der christliche Bereich nicht ausgeschlossen. Prüfen, aus der Sicht von Kindern Gottes bedeutet, immer den Maßstab des Wortes Gottes und somit Seinen Willen anzulegen.

Eigene Maßstäbe haben meist eine falsche Maßeinteilung; deshalb brauchen wir eine verbindliche Richtschnur.

Rock als christliches »Werbemittel« oder evangelistisches »Zugpferd«?

Wer heute in traditioneller Form evangelistisch-missionarisch tätig ist, kann auf die Besucherzahlen, die christliche Rockkonzerte oder »moderne Evangelisationen« zu bieten haben, wirklich »neidisch« werden.

Als evangelistische Mitarbeiter in einem Missionstrupp haben wir oft erlebt, daß Tür-zu-Tür- Einladungen und umfangreiche Plakatierungen oft eine sehr schwache Resonanz zeigten, während große Säle mit »zeitgemäßer Evangelisation« brechend voll waren.

Man hat den Eindruck, daß **ein** Plakat ausreichend wäre, um mit einer zugkräftigen Gruppe einen Saal zu füllen.

»Außer der Entrückung kann es an diesem Abend nichts Besseres geben«, so war auf einem Plakat, das für das Nachtival am 23.10.87 in Essen warb, zu lesen.

Sicherlich sind die Zeiten vorbei, als die Menschen nach den verheerenden Auswirkungen des Zweiten Weltkrieges offen waren für das Evangelium. Damals waren die Zelte voll und zwar ohne überredende Stimulanz durch Musik oder andere Zugmittel. Die Menschen brauchten diese Begleiterscheinungen nicht, sie verlangten vielmehr nach der einfachen und klaren Botschaft des Wortes Gottes, das ihnen jetzt Halt und Hoffnung gab. Heute hat es den Anschein, als ob unsere satte Gesellschaft, und da besonders unsere Jugend, mit dieser einfachen Botschaft nicht mehr hinter dem Ofen, oder sagen wir besser aus den Discotheken, herauszulocken wäre.

Die Frage ist nur, vertrauen wir dem Wort Gottes in seiner lebendigen Kraft überhaupt noch? Ist es wirklich so wichtig, daß die Zelte brechend voll sind von Menschen, die, seien wir ehrlich, aus ganz anderen Beweggründen gekommen sind? Gott hat sich nicht verändert. Sein klares Wort bestätigt Er auch heute noch. Wir lesen in Jesaja 55,11: »Mein Wort wird nicht leer zu mir zurückkommen, sondern es wird bewirken, was mir gefällt, und ausführen, wozu ich es gesandt habe.«

Die Einladungen zu Evangelisationen haben sich heute mehr und mehr nach den Bedürfnissen der Gesellschaft verändert. Nach dem Motto, wir haben die Menschen dort abzuholen, wo sie stehen. Aber fragen wir auch nach dem Willen Gottes? Wir sollten zwar klug wie die Schlangen sein (Matth. 10,16), doch heißt das noch lange nicht, daß wir ausschließlich menschliche, überredende Praktiken ins Feld führen sollten.

Wenn heute bei Evangelisationen der Name einer Rockgruppe größer zu lesen ist, als der Hinweis auf die christliche Botschaft, dann sind wir bei dieser Gratwanderung bereits in die falsche Richtung abgekippt.

Wir hören heute mehr denn je den Ruf und die Aufforderung, christliche Rockmusik sei fast noch die einzige Möglichkeit, die musikverseuchte Jugend von heute abzuholen; dabei merken wir nicht, daß wir diese Seuche mit einer weiteren Seuche bekämpfen wollen, und daß diese Seuche bereits zu einem Krankheitsherd in christlichen Kreisen geworden ist.

Wenn heute schon behauptet wird, das eine Nichtnutzung der christlichen Pop- und Rockmusik dazu führe, daß viele junge Leute für ewig verloren gehen, dann sehen wir, welchen Stellenwert diesem Phänomen schon zugestanden wird. Das Wort Gottes ist sekundär geworden, die Musik als Weg zur Wiedergeburt heraufbeschworen. Und dieses »auf-die-Jugend-Zugehen« gipfelt dann in White-Metal, Death-Metal und christlichen Punk-Gruppen.

Namen wie Stryper, Petra, Altar Boys, Bloodgood, Greg X, Barren Cross, Idle Crue usw. sind Gruppen, die vor einiger Zeit noch völlig unbekannt waren, aber in verstärktem Maß aus Amerika angeschwemmt werden. Und diese Entwicklung geht auf breiter Front weiter.

Auf diese Weise wird nicht die Welt durch das Evangelium verändert, sondern die Welt ändert und unterwandert das Evangelium.

Rock als glaubensstärkendes Element?

Es ist bald überflüssig darauf hinzuweisen, daß wir uns der Rockmusik **nicht** neutral aussetzen können. Wer kennt nicht die Situationen, in denen wir uns ertappen, wie wir den Fuß oder die Hand zum Rhythmus einer Musik bewegen, obwohl wir diese überhaupt noch nicht bewußt wahrgenommen haben. Musik wurde unbewußt aufgenommen und äußert sich mehr oder weniger in bestimmten Verhaltensweisen. Da die textliche Aussage, was unsere Wahrnehmungen betrifft, von sekundärer Bedeutung ist, wollen wir bewußt bei dem dominierenden Element der Musik selbst bleiben.

Der Rockmusiker Jim Steinman sagte: »Ich bin schon immer vom Übernatürlichen angezogen worden und weiß, daß Rock das ideale Medium ist.« Ein Mitglied seiner Band »Meat Loaf« meinte...»wenn ich auf die Bühne komme, werde ich besessen...« (idea 10/83 vom 3.2.83)

Die sexuell stimulierende und tranceartige Wirkung der Rockmusik wird also von Rockmusikern und Musikwissenschaftlern in der Musik selbst gesehen, nicht in erster Linie im Text. Deshalb ist sie für das Evangelium als »christliche Rockmusik« unbrauchbar. Wie können wir bei der erschlagenden Hektik der White-Metal oder Rockmusik allen Ernstes behaupten, daß uns die textlichen Aussagen wirklich ansprechen, überführen oder eine glaubensmäßige Hilfestellung bieten. Die Texte sind selbst für die Hörer, die der englischen Sprache mächtig sind, fast nicht aus der Musik herauszukristallisieren.

Wenn wir wirklich davon überzeugt sind, daß die Musik Träger der besten Botschaft sein kann, die es überhaupt gibt, ist dann eine Verpackung in solche Musik möglich?

In Ps. 131,2 lesen wir: »Fürwahr, meine Seele ist still und ruhig geworden, wie ein kleines Kind bei seiner Mutter.«

Oder wie begegnete Gott dem Elia am Horeb? Wir lesen dies in 1.Kön. 19,10-14. Elia übernachtete in einer Höhle und das Wort des HERRN geschah zu ihm. Elia ging auf Anweisung des HERRN aus der Höhle heraus. Ein großer Wind kam auf, der Berge zerriß und die Felsen zerschmetterte; aber der HERR war nicht in dem Wind. Danach kam ein Erdbeben und ein Feuer, aber auch das war nicht das Begegnungselement, in dem sich der HERR dem Elia nahte. Darauf kam ein sanfter Wind, und darin war der HERR.

Gottes Gegenwart bringt Geist und Seele zur Ruhe, was nicht heißt, daß wir in Monotonie abschalten. Nein, in der Nähe Gottes erleben wir eine innere Ausgeglichenheit und in dieser Stille begegnen wir dem HERRN in Seinem **Wort**.

Ich möchte diese Begegnungen mit dem HERRN in der »Stillen Zeit« morgens nie mehr missen. Lernen wir doch neu diese **Stille** vor Gott im Gebet und im Lesen Seines Wortes neu zu schätzen. Oder gehören wir zu denen, die ihre geistliche Wegzehrung für den Tag nicht aus der Bibel und im Gebet, sondern vom Plattenteller nehmen, der uns in einen hektischen und oberflächlichen Zustand versetzt? Wie soll unsere Seele zur Ruhe kommen, wenn sie im steten Kampf mit der Musik steht, die

uns durch ihren lauten Sound bis zur Schmerzgrenze treibt?!
Über die textlichen Aussagen wollen wir später noch nachdenken.

Was sind die Triebfedern
und Zielsetzungen der Gruppen?

Wenn wir diese Frage aufgreifen, müssen wir an
die Quelle zurückgehen, d.h. die Beweggründe einer Arbeit oder einer Zielsetzung, gehen von einer Basis aus.

Die evangelistisch-missionarische Basis jedes Christen finden wir in 2.Kor. 5,17: »Daher, wenn jemand in Christus ist, so ist er eine neue Schöpfung;
das Alte ist vergangen, siehe Neues ist geworden«.
Dieser Vers geht Hand in Hand mit 2.Kor. 5,21:
»Den, der Sünde nicht kannte, hat er für uns zur
Sünde gemacht, damit wir Gottes Gerechtigkeit
würden in ihm.«

Dies soll uns Maßstab sein und den müssen wir
hinterfragend anlegen. Unsere ganze »christliche
Arbeit« kann nur geprägt sein von der Liebe zu
unseren HERRN. Wir sollen ja nicht in erster Linie aus einem Pflichtgefühl, einem Druck zum
Muß heraus evangelisieren, sondern aus der Liebe zu unserem HERRN. In 2.Kor. 5,14 lesen wir:
»Die Liebe Christi drängt uns.«

Und diese Liebe zum Herrn Jesus setzt Zerbruch
voraus, Zerbruch meines eigenen ICHS, Zerbruch
all meiner eigenen fleischlichen Beweggründe. Jeder, der durch diesen **notwendigen** Zerbruch gegangen ist, weiß, daß dies keine lockere,
gefühlsmäßige Angelegenheit ist.

Michael Bloodgood von der gleichnamigen Gruppe
antwortete auf die Frage, wann und wodurch er
Christ geworden sei: »In der Highschool hatte ich

Kontakt mit Drogen. In dieser Zeit lernte ich ein Mädchen kennen, das schließlich meine Frau wurde. Sie war Christin und hat mich in die Kirche geschleppt. Plötzlich fand ich heraus, wer Christus wirklich ist. Seitdem lebe ich für Ihn.« (Pack's Nr. 10, 1987)

Ein weiteres Zeugnis von Bob Dylon in einem Interview im Jahre 1981: »Die Wiedergeburt kann auf viele verschiedene Weise passieren. Es kann eine unbewußte Entscheidung sein oder eine bewußte Entscheidung. Einer wird dir erzählen, ihn habe Gottes Ruf auf einer einsamen Landstraße getroffen, ein anderer sagt dir, es sei mitten in einem Fußballspiel geschehen.« (Pack's Sonderheft Nr. 1)

So leicht scheint das also. Wir finden hier kein Wort von Sündenerkenntnis und Buße.

Aber wie sagt es die Bibel in Luk. 15,17 als der verlorene Sohn bei den Schweinen saß: »Als er aber in sich ging, sprach er: Wie viele Tagelöhner meines Vaters haben Überfluß an Brot, ich aber komme hier um vor Hunger. Ich will mich aufmachen und zu meinem Vater gehen und will ihm sagen: Vater, ich habe gesündigt gegen den Himmel und vor dir.«

Wie leicht wird es den Zuhörern in der christlichen Rockszene doch gemacht. Die Bitterkeit des Kreuzes wird versüßt und Gott wird auf eine menschlich faßbare Ebene herabgeholt ohne Ihm irgendeinen Anspruch auf Heiligkeit zuzugestehen. Die Folgen sind, daß der Herr Jesus als Bruder und Kumpel angesehen wird.

Welche lockeren Formen diese Sicht annehmen

kann, soll uns ein weiteres Zitat der Gruppe Blood-good verdeutlichen: »Wenn Gott dich nicht in der Kirche erreicht, dann bei einem Heavy-Metal-Konzert. Gott besitzt eine Menge Humor und läßt nichts unversucht.« (Metal-Hammer Januar 1988) Eine weitere Aussage: »Natürlich finde ich es okay, wenn sich Christen treffen, um gemeinsam zu beten, aber das ist nicht unbedingt notwendig, um Gott zu erfassen.« (Metal-Hammer Januar 1988) Diese Aussagen sind in der christlichen Rockszene keine Ausnahmen und verdeutlichen die Basis der dort tätigen Gruppen.

Und auf dieser Basis müssen wir dann auch die stellvertretende Aussage der US-Metal-Band Tempest einordnen, die sagen, daß bei ihren **Shows** sich durchschnittlich 30-40 Leute bekehren, und das bei jeder Veranstaltung. Diese Zahlen müßten, von ihrer Quantität her, eigentlich jedem Evangelisten die Schamröte ins Gesicht treiben.

Aber forschen wir weiter; wo ist die »bleibende Frucht«, die auf einem gefühlsmäßigen Abholen basiert?

Hier werden aus einem frommen Jesus-Gefühl heraus **gefühlsmäßige** »Entscheidungen« getroffen, die keine Verankerung in den Aussagen des Wortes Gottes haben.

Ich möchte an dieser Stelle einen Artikel von William Mac Donald bringen, der diese Thematik mit der treffenden Überschrift: »Evangelisation zum Schleuderpreis« aufgegriffen hat.

»Wir sehen uns heute in der evangelikalen Welt mit einem merkwürdigen Problem konfrontiert, das nicht nur die Gemeinde, sondern auch den einzelnen Gläubigen vor eine ganze Reihe ernüchternder Fragen stellt. Kurz gesagt, es geht dabei um folgendes: Man hat ein ganzes Heer von Seelengewinnern mobilisiert, um die breite Masse für Christus zu gewinnen. Es handelt sich durchweg um ernsthaft bemühte, eifrige, begeisterte und überzeugte Menschen. Zu ihren Gunsten muß gesagt werden, daß sie auch tatkräftig ihren Aufgaben nachgehen. Und es ist ein Phänomen unserer Zeit, daß sie eine erstaunliche Anzahl von Bekehrungen aufweisen können. Soweit sieht alles recht positiv aus.

Das Problem liegt nun aber darin, daß sehr viele dieser Bekehrungen nicht von Dauer sind. Die Frucht bleibt nicht. Ein halbes Jahr später ist von dem Ergebnis dieser dynamischen Evangelisation nichts mehr zu sehen. Die im Schnellverfahren für Jesus gewonnenen Menschen erweisen sich im Nachhinein als Totgeburten.

Was steckt hinter diesen verkehrten Praktiken, mit denen man Menschen zur Wiedergeburt bringen will? Seltsamerweise beginnt es mit dem richtigen Entschluß, nur das reine Evangelium von der Gnade Gottes zu verkündigen. Man möchte die Botschaft einfach halten, frei von jedem Gedanken, daß der Mensch sich je das ewige Leben verdienen könne oder eine Aussicht darauf habe. Rechtfertigung geschieht allein aus Glauben, ohne die Werke des Gesetzes.

Somit lautet die Botschaft: »Glaube allein.« Davon ausgehend wird die Botschaft auf eine knappe Formel reduziert. Der Weg zur Errettung zum Beispiel wird auf ein paar grundlegende Fragen und Antworten gekürzt:

»Glauben Sie, daß Sie ein Sünder sind?«

»Ja.«

»Glauben Sie, daß Christus für Sünder gestorben ist?«

»Ja.«

»Wollen Sie Ihn als Ihren Erretter annehmen?«

»Ja.«

»Dann sind Sie errettet!«

»Bin ich das wirklich?«

»Ja, denn die Bibel sagt, daß Sie errettet sind.«

Auf den ersten Blick scheinen Methode und Botschaft über jede Kritik erhaben zu sein. Bei näherem Hinsehen allerdings werden wir zwangsläufig stutzig und kommen zu dem Schluß, daß das Evangelium allzusehr vereinfacht wird.

Der erste verhängnisvolle Fehler besteht darin, daß nicht genügend Nachdruck auf echte Buße gelegt wird. Eine echte Bekehrung ohne tiefes Bewußtsein der eigenen Sündhaftigkeit gibt es nicht. Es ist eine Sache, verstandesmäßig zu bejahen, daß ich ein Sünder bin, aber es ist etwas ganz anderes, durch den Heiligen Geist von persönlicher Schuld in meinem Leben überführt zu werden. Wer nicht eine geistgewirkte Erkenntnis seines völlig verlorenen Zustandes hat, kann auch niemals zum rettenden Glauben kommen.

Es ist sinnlos, Sünder, die ihre persönliche Schuld noch nicht erkannt haben, zum Glauben an Jesus Christus aufzufordern. Diese Botschaft gilt nur denjenigen, die wissen, daß sie verloren sind. Man nimmt dem Evangelium die Schärfe, wenn man den gefallenen Zustand des Menschen nicht nachdrücklich hervorhebt. Ein derart verwässertes Evangelium nehmen die Menschen mit Freude anstatt mit tiefer Reue auf. Sie haben keine tiefen Wurzeln; eine Zeitlang halten sie vielleicht durch. Wenn aber Drangsal oder Verfolgung entsteht, geben sie bald ihr Bekenntnis auf (Matth. 13,21). Wir haben vergessen, daß die Botschaft sowohl Buße vor Gott als auch Glauben an unseren Herrn Jesus Christus enthält (Apg. 20,21).

Eine zweite schwere Unterlassung ist, daß der Herrschaft Jesu Christi nicht das rechte Gewicht beigemessen wird. Eine leichte und lockere verstandesmäßige Zustimmung, daß Jesus der Heiland ist, trifft die Sache nicht im Kern. Jesus Christus ist zuerst Herr, dann Heiland. Das Neue Testament stellt ihn immer zuerst als Herrn und dann als Heiland vor. Stellen wir den Menschen wirklich Seine Herrschaft mit all den sich daraus ergebenden Konsequenzen vor Augen? Er tat es immer.

Ein dritter Mangel in dieser Verkündigung liegt darin, daß mit den Bedingungen der Nachfolge solange hinterm Berg gehalten wird, bis eine Entscheidung getroffen wurde. Das aber hat unser Herr nie getan. Die Botschaft, die Er verkündete, schloß das Kreuz wie die Krone ein. Er verleugnete Seine Wunden nicht, um Jünger zu gewinnen. Er machte das Schwerste zusammen mit dem Besten bekannt und forderte dann Seine Zuhörer auf, die Kosten zu überschlagen. Heute popularisiert man die Botschaft und verspricht viel Spaß im Leben.

Das Ende vom Lied ist, daß wir Menschen vor uns haben, die glauben, ohne zu wissen, was sie eigentlich glauben. In vielen Fällen besitzen sie keine lehrmäßige Grundlage für ihre Entscheidung. Die Konsequenzen einer Übergabe an Christus sind ihnen unbekannt. Sie haben das geheimnisvolle und wunderbare Wirken des Heiligen Geistes in der Wiedergeburt niemals erfahren.

Ich möchte einige Fragen aufwerfen, die vielleicht dazu führen können, diese Evangelisationsmethoden in einigen Punkten zu ändern:

1.) Können wir im allgemeinen damit rechnen, daß sich jemand schon beim ersten Hören des Evangeliums bewußt Christus übergibt? Gewiß gibt es den Fall, daß ein Mensch bereits vom Heiligen Geist vorbereitet wurde; doch bleibt das die Ausnahme. Im allgemeinen ist es aber ein Prozeß, der das Säen und Begießen der Saat und später das Einbringen der Ernte umfaßt. In unserer Sucht nach »Instant-Bekehrungen« haben wir vergessen, daß Empfängnis, Schwangerschaft und Geburt nicht auf denselben Tag fallen.

2.) Kann ein im Schnellverfahren gepredigtes Evangelium einer so gewaltigen Botschaft gerecht werden? Als Verfasser einiger evangelistischer Traktate muß ich bekennen, daß allein schon der Versuch, die frohe Botschaft auf vier knappe Seiten zusammenzupressen, in mir oft ungute Gefühle hervorgerufen hat. Wäre es nicht sinnvoller, den Menschen die Botschaft als Ganzes vorzustellen, wie sie in den vier Evangelien oder überhaupt im Neuen Testament dargelegt wird?

3.) Ist all dieses Drängen zur Entscheidung wirklich schriftgemäß? Wo wurden im Neuen Testament jemals Menschen zu einem solchen Bekenntnis gedrängt? Wir rechtfertigen unsere Praxis mit der Behauptung, daß sich die Sache schon gelohnt habe, wenn nur eine von zehn Bekehrungen echt sei. Aber was ist mit den restlichen neun? Sie bleiben enttäuscht, verbittert und vielleicht — betrogen durch ein falsches Bekenntnis — auf dem Weg zur Hölle zurück.

4.) Ist oft hörbare Prahlerei über Bekehrungen wirklich in Ordnung? Manchen von uns ist schon ein Mann begegnet, der uns mit feierlicher Stimme von den zehn Menschen berichtet, mit denen er an diesem Tag in Kontakt gekommen ist, und die alle ohne Ausnahme errettet wurden. Ein junger Arzt bezeugte mir, daß er jedesmal, wenn er in eine neue Stadt kommt, im Telefonbuch die Personen heraussucht, die den gleichen Nachnamen haben wie er. Dann ruft er sie nacheinander an und geht mit ihnen die vier geistlichen Gesetze durch. Erstaunlicherweise öffnete jeder von ihnen die Tür seines Herzens dem Herrn Jesus. Ich möchte die Aufrichtigkeit solcher Menschen nicht anzweifeln, aber ich halte sie für äußerst naiv. Wo sind denn all diese erretteten Menschen? Sie sind nirgends zu finden! Was ich sagen will ist, daß wir einmal ernsthaft unsere durchorganisierten, auf schnellen, sichtbaren Erfolg getrimmten Evangelisationsmethoden unter die Lupe nehmen sollten. Wir sollten bereit sein, Zeit dafür einzusetzen, durch eine umfassende Unterweisung im Evangelium eine solide, lehrmäßige Grundlage zu legen, auf welcher der Glaube ruhen kann. Wir sollten

die Notwendigkeit der Buße nachdrücklich beto-
nen — eine völlige Um-und Abkehr von der Sünde. Wir sollten sämtliche Konsequenzen der
Herrschaft Jesu Christi sowie die Bedingungen der
Nachfolge mit Nachdruck hervorheben. Wir sollten darlegen, was Glaube wirklich umfaßt und darauf warten können, daß der Heilige Geist den
einzelnen von seiner persönlichen Schuld überführt. Dann können wir den einzelnen zum rettenden Glauben an den Herrn Jesus Christus
führen.

Wenn wir so handeln, wird die Anzahl sogenann-
ter Bekehrungen nicht mehr so hoch sein; aber wir
werden mehr Fälle echter, geistlicher Wiedergeburt
erleben.«*

Obwohl einige Punkte des eben Gesagten in andere Themenbereiche fallen, fand ich es wichtig,
diesen Beitrag in seiner Gesamtaussage nicht zu
zerstören.

Beziehen sich diese Aussagen primär auf die mit
dem Verkündigungs-Wort durchgeführte Evangelisation, so sehen wir, welche Gefahr in der Rock-
Evangelisation durch zusätzliche gefühlsmäßige
Stimulanzen hinzukommen.

Wer ein solches, gefühlsmäßiges »Evangelium«
weitergibt, hat nicht selten selbst eine gefühlsmäßige Entscheidung für sich getroffen.

Greg X Volz, Ex-Mitglied der Gruppe Petra, antwortete auf die Frage, ob Menschen durch die Musik manchmal emotional berührt werden: »Musik
ist eine gefühlsmäßige Erfahrung, richtig.«

---

* Zeitschrift »Die Wegweisung« Mai 1987, Christliche Verlagsgesellschaft Dillenburg

Weitere Frage: »Sagen die Menschen, die gefühlsmäßig angesprochen sind, Dinge aus diesem Gefühl heraus?« Antwort von Greg X Volz: »Was
ist denn falsch an Gefühlen, sie sind nichts Schlechtes.« (Zeitschrift IXX Nr. 2 1987)
Eine weitere Gefahr, die wir heute ebenfalls nicht
unterschätzen dürfen, und die christliche Rock-
Szene ist davon nicht ausgenommen, ist der cha-
rismatische Einschlag.
Zwei Beispiele mögen das auch hier verdeutlichen:
Ulf Christiansson, Leader der Gruppe Jerusalem,
stellt fest: »Wenn ein Christ stark ist, wird er die
Befähigung haben, mit anderen über seinen Glauben zu reden. Dann hat er den Heiligen Geist und
wird Wunder wirken können.« (Zeitschrift IXX
Nr.2 1987)
Und der eben zitierte Greg X Volz auf die Frage,
welche geistlichen Gründe es gab, die ihn dazu be-
wogen hatten, die Gruppe Petra zu verlassen:
»Weißt du, ich möchte nicht herablassend klingen,
aber ich möchte mehr übernatürliche Dinge passieren sehen in meinen Konzerten. Heilungen, Be-
freiung, Dinge, die durch übernatürliche Kräfte
geschehen, durch Gott.« (Zeitschrift IXX Nr.2
1987)
Wir sehen, daß man hier die Ebene des einfachen
Wortes verläßt und nach reißerischen Wunderer-
lebnissen verlangt. Aus dem »es steht geschrieben«
wird ein »wir haben erlebt«.
Was die finanzielle Seite betrifft, müssen wir be-
denken, daß eine Reihe christlicher Rock-Gruppen
bei säkularen Plattenfirmen unter Vertrag steht.
Wie können wir hier annehmen, daß es diesen welt-

lichen Plattenfirmen in erster Linie um das Evangelium geht?

Allein der technische Aufwand vieler Gruppen **verlangt** »evangelistische Eintrittspreise«, die mittlerweile 30,— DM und mehr betragen. (Stryper-Konzert, Frankfurt, Volksbildungsheim im Juni 1987, für 75-Minuten Auftritt: 27,— DM)

Auch das Showgehabe vieler Gruppen lenkt fast ausschließlich auf die eigene Person hin. Wie paßt das in das Zeugnis eines Johannes des Täufers in Joh. 3,30: »Er muß wachsen, ich aber muß abnehmen!« Das ist der Grundsatz und die Zielsetzung jeder evangelistischen Aktivität: die eigene Person in den Hintergrund zu stellen und auf den Herrn Jesus hinzuweisen! Prüfen wir bitte diesen Grundsatz des Evangelisierens an den christlichen Musikern.

Christliche Rockmusik und die Reaktion der Welt

Durch die Gleichförmigkeit der Musik ist es mittlerweile nicht mehr möglich, White-Metal-Bands von säkularen Heavy-Metal-Bands zu unterscheiden. Die Verschmelzung geht so weit, daß es heute viele Heavy-Metal-Fans gibt, die auch christliche Platten ihr eigen nennen. Aber noch schlimmer ist zu werten, daß bekennende Christen keine Gefahr darin sehen, auch die oft okkulten Gruppen anzuhören.

Es wird auch hier wieder deutlich, wie sehr die textliche Aussage durch die Musik in den Hintergrund gedrängt wird. Hier geht es nur noch um den Rhythmus und den Musikstil, da die Texte von den wenigsten verstanden werden, und die mitgelieferten Textblätter selten das Tageslicht erblicken. Man kann sich über eine solche Entwicklung sicher nicht freuen.

Noch schlimmer aber ist, daß die Gruppen selbst oft einer säkularen Verschmelzung zustimmen und teilweise im Fahrwasser satanischer Black-Metal-Gruppen auftreten.

Einige Beispiele sollen verdeutlichen, wie weit einige Metal-Gruppen bereits gegangen sind:

»Heaven and Hell«, (Himmel und Hölle) unter diesem Motto lassen verschiedene Clubbesitzer in Los Angeles christliche und satanische Metal-Gruppen zusammen an einem Abend auftreten. Hier wird uns ein Schauspiel geboten, das einer Volksbelustigung gleicht, und das geschieht unter Bezugnahme auf unseren Herrn Jesus Christus. Eine der ersten christlichen Gruppen, die bei diesem **Vergleich** aufgetreten sind, war Holy Right. (Blood Sacrafice Nr.1)

Der Erfolg, sofern hier überhaupt einer zu erwarten ist, heiligt längst noch nicht jedes Mittel. »Wäre Gott nicht ein sehr ohnmächtiger Gott, wenn Er so von uns abhängig und auf menschliche, in diesem Fall gotteslästerliche Methoden, angewiesen wäre? Dann läge es also doch an unserem Wollen und Laufen (Röm. 9,16). Dann läge es auch wesentlich an unserem Abholen und nicht am Ziehen des Vaters (Joh. 6,44.65).« (Hans Rohde, »Grundsätzliches zur Musikfrage aus biblisch-seelsorgerlicher Sicht«)

Eine weitere Aussage finden wir in einer säkularen Zeitschrift, die sich fast ausschließlich mit Black-Metal-Gruppen beschäftigt: »Stryper« ist eine der bekanntesten, aber auch provozierendsten Bands der White-Metal-Szene. Viele Rock-Fans werfen ihnen Scheinheiligkeit und Naivität wegen ihres extremen Images vor. Dazu Stryper-Drummer Robert Sweet: »Wir versuchen, das Gesicht der Rock-Musik vom Bösen zum Guten zu wandeln und müssen uns dazu natürlich zunächst mal auf die Szene einstellen. Dazu gehört auch, daß wir mit nicht-christlichen Heavy-Metal Bands zusammen auftreten und in der Lage sind, die Leute **showmäßig** anzusprechen.« (Metal-Hammer Nr.6 Juni 87)

Waren solche Evangelisationsmethoden auch bei unserem HERRN oder bei dem Apostel Paulus zu sehen? Niemals!! Wir lesen geradezu wie eine Stellungnahme hierzu in Gal. 1,10: »Denn rede ich jetzt Menschen zuliebe oder Gott? Oder suche ich Menschen zu gefallen? Wenn ich noch Menschen gefiele, so wäre ich Christi Knecht nicht.«

Hier buhlt niemand fleischlich um Aufmerksamkeit, sondern hier wird der klare, biblische Weg beschritten; hier geht es nicht »sowohl als — auch« sondern »entweder — oder«.

Wie weit viele aufsteigende White-Metal-Bands bereits in ihrem Ansatz weltlich orientiert und verseucht sind, indem sie sich säkularen Plattenfirmen anbieten, soll eine weitere Aussage unterstreichen: »Auch im Untergrund tut sich einiges; immer öfter erhalten wir (weltliche Plattenfirmen) Demotapes (MC — Aufnahmen einer Gruppe) hoffnungsvoller White-Metal-Bands, die die christlichen Verlage und Plattenfirmen zu umgehen versuchen, um wie Stryper bei einer »gewöhnlichen« Company unterzukommen.« (Metal-Hammer Nr.6, Juni 87)

Kann man, auch wenn wir kein Pauschalurteil fällen wollen, wirklich noch glaubhaft behaupten, daß hier ein göttlicher Auftrag vorliegt? Paulus schreibt in seinem Brief an die Römer (12,2), wie bereits im Vorwort zu lesen war: »Und seid nicht gleichförmig dieser Welt, sondern werdet verwandelt durch die Erneuerung des Sinns, daß ihr prüfen mögt, was der Wille Gottes ist: das Gute und Wohlgefällige und Vollkommene.«

In dem letzten, uns von Paulus überlieferten Brief an seinen jungen Mitstreiter Timotheus, in dem uns die endzeitliche Situation vor Augen gestellt wird, die diesen Brief für uns heute ungeheuer aktuell macht, lesen wir: »Strebe danach, dich Gott bewährt zur Verfügung zu stellen als einen Arbeiter, der sich nicht zu schämen hat, der das Wort der Wahrheit in gerader Richtung schneidet.« (2.Tim.2,15). Das Wort der Wahrheit in gerader Richtung — nicht die uns vorgangs gezeigten »weltlichen Querschnitte«.

»Aber es sind doch fromme Texte!«

Es wäre falsch zu sagen, daß die Texte allesamt
ohne Inhalt wären.

Aber wie bereits erwähnt, kommen wir nicht um-
hin, sie immer wieder in die richtige Relation zu
der Verpackung, nämlich dem Transportmittel
Musik, zu bringen.

Meinen wir wirklich, wir könnten jemandem die
Liebe Gottes mit 100 Dezibel (bei mehr als 90 Dezibel kommt es zu Gehörschäden, man bewegt sich
hier bereits im Bereich der Schmerzzone) entge-
genschleudern und dann noch annehmen, der Hörer könnte sie als das zarte Werben des Heiligen
Geistes verstehen? Das ist völlig absurd!!

Manipulierend kommt noch hinzu, daß die optischen Begleitumstände (Verkleidung, Rauchbom-
ben, Lichteffekte u.a.) ablenken.

Wir finden hier das Wort aus Amos 5,23 bestätigt, als Gott dem Volk Israel sagen mußte: »Halte den Lärm deiner Lieder von mir fern.« Wo Gott
nicht mehr mit Seinem Wort absoluten Vorrang
hat, stoßen wir bei Ihm auf taube Ohren.

Eine interessante Analyse finden wir bei dem Rock-
Soziologen Simon Frith. Er stellt fest:

»Der vom Text ausgehende Ansatz ist nicht sehr
geeignet, die Bedeutung des Rock zu erfassen; die
Fans wissen, wie Greil Marcus sagt, daß Wörter
zunächst Klänge sind, die wir fühlen können und
erst in zweiter Linie Aussagen, die wir verstehen.
Der Erfolg der meisten Rockplatten beruht auf der
Musik, nicht so sehr auf dem Text. Der Text wird,
wenn er überhaupt eine Rolle spielt, erst dann re-

gistriert, wenn die Musik angekommen ist; die entscheidenden Faktoren sind Sound und Rhythmus.« (Jugendkultur + Rockmusik, Hamburg 1981, Seite 2).

Wollen wir doch die praktische Nähe suchen und das eben Gehörte umsetzen:

Warum werden heute in unserem Land so viele Tonträger gekauft? Nie und nimmer wegen der guten Texte, die, wie bereits erwähnt, meist überhaupt nicht verstanden werden, sondern vielmehr deshalb, weil die *ansprechende Musik* der primäre Kaufanreiz ist. Die Fans kaufen die Platten ihrer »Lieblinge« nicht mit dem Maßstab des Wortes Gottes, sondern mit dem Maßstab ihres eigenen Musikgeschmacks.

Zum anderen finden wir heute im christlichen Musikbereich viel Textmaterial, das zeitgemäß und zeitkritisch zugeschnitten ist. Und diese zeitkritischen Texte sind Wegbereiter und Befestiger von sozialem und ökologischem Engagement. An sich natürlich nichts Negatives, aber es muß einen richtigen Stellenwert und eine richtige Beziehung zu unserem Glaubensleben und dem daraus resultierenden Evangelisieren einnehmen. Wir müssen unsere Jugend vor einer solchen Einseitigkeit warnen. Unsere erste und vordringlichste Aufgabe ist es, den Menschen das klare Evangelium zu bringen und ihnen zu sagen, daß sie ohne den Herrn Jesus auf ewig verlorengehen. Was nützen alle sozialen und ökologischen Anstrengungen oder Friedensdemonstrationen, wenn die Menschheit mit Beachtung »dieser Dinge« für immer verlorengeht?

Ich möchte am Schluß dieses Abschnittes nicht behaupten, daß nicht Gott in seiner Souveränität auch auf solchen Rockveranstaltungen einzelne von ihrer Schuld überführt, denn wir können Gott in Seinem Bemühen um einzelne Seelen nicht in ein Schema pressen. Aber Sein Wort gibt an vielen Stellen eindeutig Zeugnis, wie jemand zum lebendigen Glauben kommt.

Matth. 12,41: »Männer von Ninive werden aufstehen im Gericht mit diesem Geschlecht und werden es verdammen, denn sie taten Buße auf die Predigt Jonas.« Römer 10,17: »Also ist der Glaube aus der Verkündigung, die Verkündigung aber durch das Wort Christi.«

»Betroffene« kaum noch abzuholen

Es ist tatsächlich so, daß wir in der Szene der christlichen Rockmusik mehr von »Betroffenen« reden müssen, als von Nachfolgern.

Als sich die christliche Rockmusik in den 60er Jahren aus dem Element des »Gospelrock« langsam aber sicher entwickelte, sahen auch einige christliche und säkulare Verlage und Plattenfirmen ein bisher verwaistes Käuferpotential vor sich, das es zu nutzen galt.

Viele »behütete« Jugendliche aus christlichen Elternhäusern mußten bisher mit einem weinenden Auge auf die musikalischen Freiheiten ihrer gleichaltrigen Freunde und Bekannten sehen. Aber plötzlich bekam diese Musik einen christlichen Anstrich, und diese behüteten jungen Leute sogen und saugen bis heute die Musik auf wie ein trockener Schwamm, denn diese Musik war über Nacht legitim geworden.

Meine Erfahrungen bei vielen Informationsveranstaltungen und anschließenden Diskussionen brachten immer wieder folgendes überraschende Ergebnis:

War die weltliche Jugend tatsächlich über die Gefahren der säkularen Heavy-Metal-Musik noch zu informieren und zum Nachdenken und Handeln zu bewegen, so zeigte sich bei der christlichen Jugend fast immer eine starre, nicht umzuwerfende Haltung. Diese jungen Leute waren derart auf ihre Gruppen abgefahren, daß es nicht möglich war, sie auf irgendeine Weise abzuholen. Sie führten immer wieder eine vermeintlich logische Argumentation ins Feld, um das Hören dieser Musik zu rechtfertigen. Wenn eine solch brennende Liebe auch zu dem Herrn Jesus da wäre, unser Land würde evangelistisch abgedeckt sein.

Eine starre Haltung ohne Prüfung von Gegenargumenten und persönlichem Hinterfragen ist ein gefährlicher Standpunkt. Das kann soweit führen, daß wir für den Geist Gottes völlig zu sind. Eine solche Haltung zeigt immer auch eine Fehlentwicklung im geistlichen Bereich.

Die »Betroffenen« sind derart gebunden und geblendet, daß selbst das Heranziehen des Wortes Gottes in persönlicher Einseitigkeit endet. Wir dürfen solche Fehlentwicklungen sicher nicht einzig und allein im Problemfeld der Musik suchen, denn jede starre Haltung hat ihren eigenen Gebundenheitsfaktor.

Bleiben wir bei der Musik. Was sind die Ursachen von Metal-Gebundenheiten, von der Welt nicht erkannt, für die christliche Jugend erkennbar, aber dann durch christliche Texte legitimiert?

Rockmusik bewirkt im Körper die Bildung von Stoffen, die wie Morphine wirken. Darauf hat ein sowjetischer Wissenschaftler von der Staatsuniversität Ufa im Ural in einer Studie der Zeitung »Sowjetskaja Rossija« hingewiesen und zugleich vor der Rocksucht gewarnt. Morphine wirken schmerzstillend und heben die Stimmung. Es ist bekannt, daß bei besonderer körperlicher Belastung, und somit auch bei starkem Lärm, schmerzstillende Eiweißstoffe im Organismus ausgeschüttet werden, die ähnlich wirken wie Morphine.

Der Wissenschaftler hinderte Anhänger des Heavy-

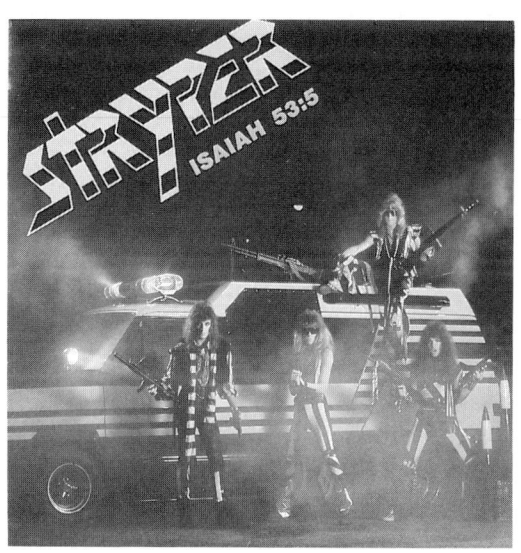

TIME'S END

HOLY RICH

STAND AS ONE

This album is dedicated to those who have not yet received the Lord Jesus Christ as their Savior....We're Coming!

Metal-Rock eine Woche lang daran, ihre Musik zu hören und stellte anschließend zitternde Hände, höhere Gereiztheit und unbeständigen Pulsschlag fest. In einer benachbarten Maschinenfabrik sei die Arbeitsleistung von Heavy-Metal-Hörern um 50% gesunken, als man ihnen die Musik entzogen habe.

Seitdem die Rockmusik in der Sowjetunion nicht mehr verboten ist, haben Rock-Gegner Front gegen die ungewohnten Klänge gemacht. Ein hoher Funktionär sagte kürzlich, Rockmusik sei »moralisches Aids«, gegen das es kein Mittel gibt. Auf dem Boden der Rockmusik könne von der Drogensucht bis zur Prostitution alles gedeihen. Soweit diese Studie. (FAZ vom 5.6.88)

Wenn wir das Gesagte prüfen, praktisch anwenden und uns erinnern, welchen sekundären Stellenwert die Texte einnehmen, dann wissen wir, wo heute die Gebundenheit von christlichen Metal-Betroffenen ihre Ursache haben.

Wer als Leser nach der bisherigen Lektüre noch nicht zum Nachdenken und für eine eigene Standortbestimmung offen ist, der sollte prüfen, ob er diese Musik und seine Lieblingsgruppen ohne Rechtfertigung aus Liebe zum Herrn sofort aufgeben könnte. Wenn nicht, dann liegt Gebundenheit vor.

Denken wir auch an das Wort aus 1.Kor. 6,12 b: »Alles ist mir erlaubt, aber ich will mich von nichts beherrschen lassen.«

Wie weit aber diese Abhängigkeit und der persönliche Kult im christlichen Bereich schon fortgeschritten ist, möchte ich an zwei Beispielen verdeutlichen. Briefe an die Sängerin Sheila Walsh hatten u.a. folgenden Inhalt:

»Ein junger Mann schrieb mir einmal, er wolle einige Zeit mit mir allein verbringen und dann sterben. Ein anderer bezeichnete mich als eine Himmelskönigin. Manchmal kommt es vor, daß man von Fans regelrecht verfolgt wird. Sie geben irrsinnige Summen aus, allein in der Hoffnung, dich irgendwo wiederzusehen. (Sheila Walsh, »Leben Live«, Brunnen-Verlag)

Denken wir an die Fans von Stryper, die die Konzerte ihrer Lieblinge im Stryper-Outlook (schwarz-gelb gestreifte Klamotten und einem Bibelvers auf der Kluft) aufsuchen. Von 800 Fans, die ein Konzert von Stryper im Juni 87 im Volksbildungsheim in Frankfurt besuchten, waren viele in dieser äußeren Übereinstimmung ihrer Idole angerückt.

Hier haben wir es mit Personenkult zu tun, der gerade im christlichen Bereich abstoßend ist. Paulus schreibt in 1.Kor. 2,12: »Und ich, als ich zu euch kam, Brüder, kam nicht, um euch mit Vortrefflichkeit der Rede oder Weisheit das Geheimnis Gottes zu verkündigen. Denn ich nahm mir vor, nichts anderes unter euch zu wissen, als nur Jesus Christus, und ihn als gekreuzigt.«

1.Kor. 7,23: »Ihr seid um einen Preis erkauft, werdet nicht Sklaven von Menschen.«

Prüfet die Geister,
oder: wie finde ich die Unterscheidung?

»Welche Musik dürfen wir denn überhaupt hören?« wie oft wird diese Frage gestellt! Ich werde und kann hier sicherlich nicht sagen, wo die Toleranzgrenze liegt. Nach Informationsabenden wurde von mir auch nie gesagt, werft eure Platten zum Müll.
Es geht hier nicht darum, einen vernunftmäßigen Schritt zu tun. Die Entscheidung, sich von diesen Platten und Gruppen zu distanzieren, muß aus der eigenen Überzeugung und einem eigenen Willensakt in der Prüfung am Wort Gottes und unter dem Reden des Heiligen Geistes geschehen. Tun wir das nicht, werden wir weggeworfenen Platten immer nachtrauern, und irgendwann stehen diese fester denn je in unseren Regalen. Wir müssen offen sein für eine Kurskorrektur. Der entscheidende und notwendige Schritt muß und wird dann kommen. Es wird uns durch das Arbeiten am Wort Gottes und dem Beschäftigen mit dem Herrn Jesus, von dem in Phil. 2,5 steht, daß wir Seine (des Herrn) Gesinnung annehmen sollen, deutlich werden, was Sein Wille für unser Leben ist; die Musik ist dabei nicht ausgenommen. »Nicht, was ich will — sondern HERR, was Du willst! Was ist das beste für mich? was dient meiner Heiligung?« Wissen wir überhaupt noch, was Heiligung ist?
Wir stellen als Christen heute so viele Forderungen, weil wir ja auch angeblich Rechte haben. »Wir wollen doch auch unseren Spaß haben, wir,wir,

wir…« Fragen wir je den Herrn auch in diesen »Banalitäten« wie der Musik nach Seinem Willen? In 1.Kor. 2,12 ist zu lesen: »Wir aber haben nicht den Geist der Welt empfangen, sondern den Geist, der aus Gott ist, damit wir die Dinge kennen, die uns von Gott geschenkt sind.« Das heißt doch nichts anderes, als daß der Geist Gottes uns nicht im Ungewissen läßt. Kennen heißt Erkennen. Wir müssen Ihn erkannt haben, Ihm unser Leben mit aller Schuld und Sünde gebracht und Ihm das Ruder unseres bisher selbstgesteuerten Lebens übergeben haben. Kennen setzt Erkennen voraus. Und in dieser innigen Gemeinschaft kann ich erst prüfen, was dem Herrn wohlgefällig ist (Eph. 5,10). Diese innige Gemeinschaft wird durch den Geist Gottes geleitet. Nur Er kann uns die Augen öffnen zur Beurteilung, und nur Er kann uns sicher leiten. In Römer 8,14 heißt es: »Denn so viele durch den Geist Gottes geleitet werden, die sind Söhne Gottes.«

Wir finden an vielen Stellen der Heiligen Schrift immer den bestimmenden Bezug auf den Geist Gottes. Warum? Weil es auch andere Geister gibt, die unser schwaches Fleisch, welches wir in dieser Welt noch haben, angreifen und gebrauchen wollen. In 1. Joh. 4,1 lesen wir: »Geliebte, (hier sind Kinder Gottes angesprochen) glaubt nicht jedem Geist, sondern prüft die Geister, ob sie aus Gott sind.« Galater 3,3 spricht von der Gefahr, im Geist zwar anzufangen, aber im Fleisch zu vollenden.

Wieviel Spannungen hat die Musikfrage bereits in unseren christlichen Gemeinden und Versammlungen hervorgerufen. Spannungen, die bis zum Bruch mit älteren Geschwistern führten. Sollten wir Jüngeren uns nicht einmal die Frage stellen, ob die älteren Geschwister aus einem verstaubten Musikverständnis heraus zu dieser Rockmusik nicht mehr Ja sagen, oder ob sie aus biblischer Sicht schon lange nicht mehr Ja sagen **können?** Viele Gläubige haben Not und Sorge darüber, daß junge Leute geistlich gesehen ins »offene Messer« rennen. Und jede »Partei« beruft sich auf die Leitung und das Zeugnis des Heiligen Geistes. Hier kann doch etwas nicht stimmen. Der Geist Gottes treibt keine Spaltungen in eine Versammlung, sondern er fordert uns auf, gemeinsam am Werk für den Herrn zu stehen. Ein großes Negativum unserer Zeit ist, daß so wenig Gemeinschaft im Geist vorhanden ist. Was sagt das Wort Gottes dazu? In Eph. 4,3 steht »Befleißigt euch, die Einheit des Geistes zu bewahren durch das Band des Friedens.«

In Phil. 1,27 schreibt Paulus an die Philipper: »Wandelt nur würdig des Evangeliums des Christus, damit ich, sei es, daß ich komme und euch sehe, oder abwesend bin, von euch höre, daß ihr fest steht in **einem Geist** und mit einer Seele zusammen für den Glauben des Evangeliums kämpft.«

Um noch einmal auf die Frage der Musikunterscheidung zurückzukommen. Wenn wir prüfend und betend unter der Leitung des Geistes das Wort Gottes lesen und nach Seinem Willen fragen, dann können wir kein Ja zur christlichen Rockmusik finden.

Eine andere Erkenntnis wäre fleischlich und damit auch eine Relativierung und Beeinflussung des geistgewirkten Redens Gottes. Hier ist nicht mehr der Heilige Geist am Werk, sondern ein Geist, dem die »Betroffenen« den Namen des Geistes Gottes selbst gegeben haben. Es liegt eine Vergewaltigung und Verleumdung des Geistes vor.

Ich möchte an dieser Stelle zeugnishaft feststellen, daß gerade junge Menschen aus christlichen Elternhäusern oft sehr oberflächliche Beurteilungskriterien an Musik anlegen, während Gläubige, die aus der Welt kamen und nicht selten auch wegen der Gebundenheit an die Heavy-Metal-Musik in die Buße gegangen sind, sehr viel deutlicher die Gefahren sehen und sich von dieser Musik distanzieren. Als ich 32 Jahre alt war, durfte ich mein Leben dem Herrn Jesus übergeben. Mein Leben war bis dahin, zum großen Teil auch von der Rockmusik geprägt, wenn nicht sogar verseucht. Nächtelang habe ich mich in Discotheken und auf Feten dieser Musik ausgesetzt und wurde von ihr vereinnahmt. Als ich Christ wurde, habe ich nach einer Zeit des geistlichen Wachstums aus Überzeugung alle Platten vernichtet.

Ein halbes Jahr nach meiner Wiedergeburt lud mich ein Pfarrer zu einem Abend ein, an dem auch eine bekannte christliche Rockgruppe mitwirkte. Ich war erstaunt, daß es so etwas auch im christlichen Bereich gab. Die Band hatte die Jugendlichen durch ihre Bühnenshow bald im Griff. Ein Großteil der Anwesenden tanzte in den Seitengängen der Halle und jedes Lied wurde mit lautem Gejohle begrüßt.

Als dann auch noch jemand auf der Bühne sagte,

wir sollten uns doch auf den Himmel freuen, weil dort einmal ein großes »Faß« aufgemacht würde, habe ich den Saal entsetzt und angewidert verlassen. Ich mußte feststellen, daß hier **Weltliches** ablief — so hatte ich den Herrn vor 6 Monaten nicht kennengelernt. Es hat Tage gedauert, bis ich mich wieder gefangen hatte. Hier hatte man sich selbst Freiheiten gegeben, die einen christlichen Anstrich trugen, aber keine biblische Basis besaßen. Man hatte dem Geist Gottes die Tür gewiesen. Ich nehme mir an dieser Stelle die Freiheit zu behaupten, daß ein durch den Geist Gottes geführter Christ niemals zur Bejahung dieser Musik kommen kann.

Ist White-Metal endzeitlich zu werten?

Die Bibel gibt uns an einigen Stellen deutlich Aufschluß darüber, was die Zeichen der Endzeit sein werden. Wenn wir diese Stellen (z.B. Matth. 24; 2.Tim. Brief) mit unserer Zeit und Welt in Verbindung bringen, dann können wir unmißverständlich erkennen, daß wir in der letzten Zeit leben. Im religiösen Bereich befinden wir uns auf dem Weg zu einer großen Welteinheitskirche, deren Ursprung und Vorantreiber in der Ökumene sichtbar wird. Man findet plötzlich Gemeinsamkeiten und Annäherungen, wo vor Jahren noch unüberbrückbare Kluften waren. Dabei werden feste biblische Grundsätze relativiert. Es gilt heute in vielen christlichen Kreisen als Anmaßung, wenn man aufgrund der biblischen Aussage zu Menschen sagt, daß sie nach ihren jetzigen Verhaltensweisen auf ewig verloren gehen. In dieser Richtung ist man sehr, sehr offen geworden. Und genau in diesem Feld ist auch die White-Metal-Musik einzuordnen. Hat man vor Jahren diesen Musikstil noch vollkommen verdammt, — weil die Gefahr erkannt wurde — so sehen wir heute bereits ein endzeitliches Abkippen in die Befürwortung.

In Matth. 24,5 warnt uns der Herr Jesus selbst, daß viele in Seinem Namen auftreten werden. Es heißt, es werde eine Zeit sein, wo jeder meint, inspiriert zu sein, und die Irregeleiteten merken nicht, daß sie Marionetten dessen sind, der auf der Zielgeraden der Endzeit noch viele durcheinanderwirbeln und auf seine Seite bringen will, der Satan selbst. Der Diabolos (Durcheinanderbringer) tritt längst als Engel des Lichts auf (2.Kor. 11,14), um sich mit einem christlichen Deckmantel in christlichen Kreisen zu etablieren und dort zu wirken.

Das kann so weit führen, daß wir, wie bereits erwähnt, das Schwert des Geistes (Gottes Wort) beiseite legen und mit dem Schwert unserer Erfahrung weiterkämpfen. Es hat einmal jemand geschrieben: »Wenn der Teufel uns nicht in der Lauheit halten kann, dann schiebt er uns in die Schwärmerei.« Der zweite Brief des Paulus an seinen jungen Glaubensbruder Timotheus ist der letzte Brief, der uns von Paulus vorliegt. Die Gefahren und Zustände, vor denen hier gewarnt wird, sind in unserer Zeit aktueller denn je. Wenn wir in 2.Tim. 4,3 erfahren, daß es eine Zeit geben wird, in der sie die gesunde Lehre nicht ertragen, sondern nach ihren eigenen Lüsten sich selbst Lehrer aufhäufen werden, weil es ihnen in den Ohren kitzelt, so ist es nicht an den Haaren herbeigezogen, wenn wir diese Situation im christlichen Rockbereich bestätigt finden.

Die Entwicklung ist hier so weit fortgeschritten, daß man die Beziehung zum HERRN als sekundär ansieht (als Vorspiegelung), primär aber das Verhältnis des Fan zu seiner Gruppe. Die Hallen sind voll, wenn die eigenen »Lehrer« aufspielen — warum? weil es ihnen in den Ohren kitzelt. Man hat sich Lehrer geschaffen, die auf der gleichen Wellenlänge liegen. Die Frage ist, wo sind die »Fans«, wenn trockene Bibelarbeiten ohne gefühlsmäßige Stimulanz angeboten werden?

Ein weiteres Phänomen ist es, daß man sich mehr

und mehr Gedanken macht, wo die in den Rock-konzerten angeblich »Bekehrten« eine geistliche Heimat finden. In einer »normalen« Gemeinde« finden sie keine Gleichgesinnten. Was liegt also näher, als eigene Gemeinden zu gründen, wo es so weitergeht, wie man bei seiner »Bekehrung« angefangen hat.

»Die christlichen Metal-Gemeinden »Sanctuary« (Heiligtum) breiten sich in den USA immer mehr aus. Es ist geplant, ein Netz von Sanctuary-Kreisen über die ganzen Vereinigten Staaten zu spannen, um 'Jesus-Metallers' eine geistliche Heimat zu bieten. So entsteht momentan eine weitere Gemeinde dieser Art in San Francisco. Zwei ganz »böse Buben« werden die Prediger in diesen Gemeinden sein — zwei langmähnige Instrumentenquäler: Tony Crider von Crossforce und als Stellvertreter Jimmy Arceaneaux von Soldier.« (Blood Sacrifice Nr. 3)

Erinnern wir uns an 2.Tim 4,3; die gesunde Lehre mußte der gewünschten Lehre weichen — Zeichen der Endzeit.

Daß eigene Gemeinden gegründet werden, sagt doch aus, man kommt mit den anderen Geschwistern nicht klar. Was aber sagt hier die Bibel? In 1.Joh. 3,14 steht: »Wir wissen, daß wir aus dem Tod in das Leben hinübergegangen sind, weil wir die Brüder lieben.« Ein Zeichen für neues Leben — wir lieben die Brüder.

»Absondern«, ein altmodisches Wort?

Einleitend ein Wort aus 2.Kor. 6,14-18:
»Geht nicht unter fremdartigem Joch mit Ungläubigen! Denn welche Verbindung haben Gerechtigkeit und Gesetzlosigkeit? Oder welche Gemeinschaft Licht mit Finsternis? Und welche Übereinstimmung Christus mit Belial? Oder welches Teil
ein Gläubiger mit einem Ungläubigen?
Und welchen Zusammenhang der Tempel Gottes
mit Götzenbildern? Denn wir sind der Tempel des
lebendigen Gottes; wie Gott gesagt hat: Ich will
unter ihnen wohnen und wandeln, und ich werde
ihr Gott sein, und sie werden mein Volk sein. Darum geht aus ihrer Mitte heraus und sondert euch
ab, spricht der Herr, und rührt Unreines nicht an,
und ich werde euch annehmen und werde euch ein
Vater sein, und ihr werdet mir Söhne und Töch-
ter sein, spricht der Herr, der Allmächtige.«
Absonderung ist ein Wort, das in seiner wörtlichen
Aussage in der Bibel sehr selten vorkommt. Aber
in der umschreibenden und einweisenden Form finden wir es sehr oft. (2.Mose 29,14; Röm. 16,17;
1.Kor. 5,11; Hebr. 13,11-15)
Absonderung ist aber auch in christlichen Kreisen
ein Wort **geworden,** das mit Skepsis und ohne tie-
feres Verständnis behandelt wird. Absonderung
wird deshalb falsch verstanden und praktiziert, weil
man es in den meisten Fällen **einseitig** sieht. Absondern **von** etwas bedeutet den ersten Schritt tun;
dieser Schritt ist zwar wichtig, aber wir dürfen hier
nicht stehenbleiben. Der zweite Schritt, der ebenso wichtig ist, ist der Schritt **zu** dem Herrn. In dem

eingangs genannten Bibelwort aus 2.Kor. 6 lesen wir: aus ihrer Mitte **hinausgehen** und ich werde euch **annehmen.**

Für das Evangelisieren, und die christliche Rockmusik schreibt das auf ihre Fahnen, ist es wichtig, daß wir dies von der richtigen Stellung her tun; nämlich in der direkten Verbindung mit dem HERRN; das bedeutet aber unwillkürlich, geistlich gesprochen, außerhalb der Welt.

So verstehen wir den Vers in Joh. 17,16: »Sie sind nicht von der Welt, wie ich nicht von der Welt bin.«

Unsere Stellung gegenüber der Welt muß von unserem Standpunkt her erkennbar sein. Man muß sehen können, daß wir aus dem Tod zum Leben hinübergegangen sind. (Joh. 5,24.)

Dies bedeutet aber, wir befinden uns **jenseits** der Finsternis, und nur von dort aus ist schriftgemäßes Evangelisieren möglich. Dies geht auch nicht dadurch, daß wir **auf uns** hinweisen, sondern auf die einzige Brücke zwischen Licht und Finsternis, **den Herrn Jesus** selbst.

Wo steht, daß wir zum Evangelisieren das Licht wieder verlassen müssen, um in der Finsternis besser wirken zu können? Das wäre absurd! Wenn ich einen Alkoholiker abholen möchte, muß ich nicht vorher selbst Alkoholiker werden. Auf genau dieses Prinzip aber beruft sich die christliche Rockmusik als Evangelisationsmittel. Hier wird nicht im Licht evangelisiert, sondern in der Finsternis. Hier setzt man sich selbst und den Fans geistliche Infrarotbrillen auf; was aber nichts daran ändert, es geschieht in der Finsternis.

Es muß erkennbar sein, daß wir durch unsere Neugeburt einen neuen Herrn haben. 2.Kor. 5,17: »Das Alte ist vergangen, siehe Neues ist geworden.« Vermischung mit der Welt wird im Rock-Bereich oft mit Evangelisieren verwechselt.

Stephen Shannon von Idle Cure sagte: »Wir haben schon Shows gespielt, wo die Leute im Publikum nicht wußten, daß wir eine christliche Rockgruppe waren. Erst am Ende der Show, als wir bei einer Ansprache unsere Absichten und Überzeugungen verkündeten, haben die Leute das mitgekriegt.« (Pack's Nr. 7/8 1987)

Damit ist alles ausgesagt. Es bedeutet, daß wir dem Wort Gottes seine Lebendigkeit nehmen, indem wir meinen, wir müßten mit weltlichen Überredungskünsten und Praktiken dem Wort selbst auf die Sprünge helfen. Gott wird zu einem Statisten degradiert, der dann am Ende noch Seinen Segen dazu geben soll.

Wir können nicht oft genug den Vers aus Römer 12,2 mit der vermeintlichen Rock-Evangelisation in Verbindung bringen: »Seid nicht gleichförmig dieser Welt, sondern werdet verwandelt durch die Erneuerung des Sinns, daß ihr prüfen mögt, was der Wille Gottes ist: das Gute und Wohlgefällige und Vollkommene.«

Wie bereits in einem früheren Kapitel erwähnt, gibt uns der 2. Timotheus-Brief Aufschlüsse und Hinweise auf die Zeichen der Endzeit, aber gleichzeitig auch den mehrfach persönlich herausrufenden Hinweis »**Du aber**«. Hier geht es um den ganz direkten Bezug zu mir. Der Einzelne, der den Herrn liebt, soll heraustreten aus der Gleichförmigkeit einer Masse. Heraustreten aus der Masse eines Volkes, das sich grundsätzlich von Gott abgewandt hat, aber auch gleichzeitig aus einem weltlich orientierten Christentum.

Prüfen wir anhand der Forderungen des Wortes Gottes, ob wir, aber auch die Musiker dieser Rockgruppen, diesem Maßstab des »Du aber« gerecht werden.

Absondern, ein Wort, das in Verbindung mit den heutigen evangelistisch-missionarischen Bestrebungen wichtiger denn je ist. Es geht nicht darum, die Hände in den Schoß zu legen und auf die Ankunft des Herrn zu warten. Zu prüfen ist der Standpunkt meiner evangelistischen Tätigkeit in Verbindung mit meiner eigentlichen Motivation. Und diese motivierende Kraft kann in erster Linie nur in der Liebe zu dem Herrn Jesus ihren Ursprung haben.

Unser Vorbild — der HERR

Evangelisieren ohne Orientierung am Herrn Jesus, ist überhaupt nicht möglich. Lassen wir diese Grundwahrheit außer acht, so sind alle unsere Aktivitäten Heu und Stroh. (1.Kor. 3,13)

Es gibt nichts, worin unser Herr uns nicht ein Vorbild gewesen wäre während Seines Menschseins auf dieser Erde. Die Tatsache, daß Er ohne Sünde war, ist für uns unvorstellbar. Ohne Sünde bedeutet nicht nur, keine sich äußernde Sünde in Worten und Werken, nein, Sündlosigkeit bedeutet in ihrer ganzen Konsequenz das Frei-Sein von jeglichem sündhaften Gedanken.

Wäre bei uns Vorstellungskraft für den ersten Teil dieser Aussage noch vorhanden, so ist das Frei-Sein von jeglicher gedanklichen Sünde für uns unvorstellbar. Aber wir sehen hier Seine Gottheit und das fleckenlose Opfer Seiner selbst.

Hebr. 4,15: »Denn wir haben nicht einen Hohenpriester, der nicht Mitleid haben könnte mit unseren Schwachheiten, sondern der in allem in gleicher Weise wie wir versucht worden ist, doch ohne Sünde.«

Und dieser HERR steht vor unseren Blicken, wenn wir evangelisieren; von Ihm sollten wir lernen. In den Gleichnissen sehen wir, daß der Herr auch »Aufhänger« der damaligen Zeit gebrauchte, um die Menschen zeitgemäß anzusprechen. Aber wir lesen an keiner Stelle der Bibel von Ihm, daß er zur Unterstützung Seines Wortes z.B. kulturelle oder musikalische Begleitmittel brauchte. Er vertraute dem gesprochenen Wort und der Gegenwart

des Vaters. Dies sollte und muß auch unser Maßstab sein. Alle anderen Evangelisationsmittel, wie
z.B. die Rockmusik, sind fleischlich, d.h. menschlich programmiert und entziehen letzten Endes dem
Wort die Autorität.

Jesu Evangelisieren war geprägt von Einfachheit,
Geradlinigkeit und Klarheit, die eben deshalb im-
mer den Kernpunkt traf. Nehmen wir das Beispiel
der Frage eines Reichen nach dem ewigen Leben
(Matth. 19,16-22). Der Herr Jesus erkannte den
Schwachpunkt des reichen Jünglings und gab klare
Anweisungen: »Wenn du vollkommen sein willst,
so geh hin, verkaufe deine Habe und gib sie den
Armen, und du wirst einen Schatz im Himmel
haben.«

Die Reaktion dieses Reichen lag darin, daß er be-
trübt wegging. Wie es ihm weiter ergangen ist, wir
hören nichts mehr davon. Es lag jetzt in seiner Entscheidung; er kannte jetzt den trennenden
Schwachpunkt; das einfache Wort hatte getroffen.
Übertragen wir das auf unsere Thematik — wie
könnten wir allen Ernstes behaupten, in dieser Situation wäre der Mann vielleicht mit Rockmusik
abzuholen gewesen. Die Botschaft des reinen Got-
teswortes bedarf keiner menschlichen Hilfs-,
Transport- oder Überredungsmittel.

Verlieren wir den Herrn und Seine vorbildhafte
Handlungsweise aus den Augen, so ist nicht Er
mehr das Vorbild, sondern wir machen uns zum
eigenen Vorbild und Mittelpunkt. Das führt dazu, daß Gruppen und Sänger, trotz frommer
Texte, doch nur Hinweisschilder ohne den notwendigen Richtungspfeil sind. Dies wieder bedeutet,

die Fans bleiben bei diesen »Schildern« als vermeintlichem Ziel stehen.

Jeder musikalisch Evangelisierende sollte sich einmal ernsthaft selbst prüfen, ob er Hinweisschild ist, oder sich bereits selbst zum Zielpunkt gemacht hat, an dem die Menschen bewundernd und applaudierend stehengeblieben sind und so auf halber Wegstrecke verloren gehen.

Bleiben wir bei dem einfachen, klaren Bekenntnis eines Johannes des Täufers, der es auf eine einfache Formel gebracht hat: »Er muß wachsen, ich aber abnehmen.« (Joh. 3,30)

Plattencover und Gruppen

Rasselnde Ketten, zerrissene Kleidung, Armbänder mit Nieten und Stacheln, schulterlange, gefärbte Haare, zu Masken geschminkte Gesichter, Maschinengewehre, Schwerter und Messer, bisher Inbegriff weltlicher Heavy-Metal-Gruppen, aber mittlerweile auch ein Markenzeichen der christlichen White-Metal-Szene.

Viele Plattencover und Konzerte sprechen hier eine deutliche Sprache.

Anpassung-total mit einem christlichen Anstrich, der sich in einem Bibelspruch auf den Plattencovern äußert. Wir erleben hier eine endzeitliche Verführung des Gegenspielers unseres HERRN. Er behält fromme Texte bei und mischt sie mit Rhythmus und weltlichem, zerstörerischen Gehabe, das von einem anderen, nämlich dem Geist Satans geprägt ist.

Michael Bloodgood von der gleichnamigen Gruppe auf die Frage nach der von ihnen getragenen Kleidung:

»Wir tragen diese Klamotten aus demselben Grund wie Billy Graham einen Anzug mit Krawatte trägt, um die Zuhörer auf ihre Art anzusprechen. Die Kids, die sich Metal anhören, haben keine Probleme damit, wie wir uns anziehen. Wenn wir auf die Bühne rausgingen und aussehen würden wie die »Beach Boys«, das würde danebengehen. Wenn wir in eine Stadt kommen, um ein Konzert zu geben, ziehen wir uns metalmäßig an; wir spielen Metal. Das ist eben die Musik, in der wir zuhause sind. Wir brauchen das nicht lange zu erklären.« (Pack's Nr. 10, 1987).

Es wird deutlich, daß eigene Maßstäbe gesetzt werden, der Wille Gottes wird hier nicht nur verdrängt, nein, er wird völlig ignoriert. Die Gruppen werden zu Götzenanbetern der Rockmusik und richten bereits ihre Kleidung nach diesem Götzen.

Wenn Leute von sich behaupten, und alle christlichen Rockgruppen tun das, Kinder Gottes zu sein, dann müßte der Geist Gottes in ihnen wohnen. Das aber würde neue Wertmaßstäbe setzen und Veränderungen bewirken.

1.Kor. 6,19,20: »Oder wißt ihr nicht, daß euer Leib ein Tempel des Heiligen Geistes in euch ist, den ihr von Gott habt, und daß ihr nicht euch selbst gehört? Denn ihr seid um einen Preis erkauft worden; verherrlicht nun Gott mit eurem Leib.«

Ein Tempel des Heiligen Geistes kann sich nicht, und das auch noch zu evangelistischen Zwecken, schminken und mit Ketten behängen.

Die christliche Rockszene ist auch in diesem Punkt auf ihrer Gratwanderung abgekippt. Durch ihr äußeres Auftreten sind sie von säkularen Gruppen nicht mehr zu unterscheiden. Man hat sich weltlich angepaßt und wurde weltlich vereinnahmt.

Aber der Tempel des Heiligen Geistes muß sich auch durch unser Äußeres, und die Kleidung gehört dazu, von der Welt unterscheiden.

Das Argument, »wer die Jugend gewinnen will, muß sich wie die Jugend kleiden«, stimmt nicht mit der Realität überein, denn oft sind es die zu erreichenden jungen Leute, die sich kleidungsmäßig ihren Lieblingsgruppen anpassen. Das Gegenteil wurde also erreicht. Denken wir nur an die Fans der Gruppe Stryper, die ebenfalls gelbschwarz gestreifte Kleidung tragen. Eine Anpassung an die Gruppe hat stattgefunden.

In unserer Zeit ist es von sehr großer Bedeutung, daß wir als »ecclesia«, die Herausgerufene, erkannt werden und von diesem Standpunkt des Herausgerufen-Seins auch evangelistisch wirksam werden. Ist das nicht der Fall, gibt die Masse bald den Ton an. Die Grenzen wurden verschoben, die Welt ist eingedrungen und hat alles erstickt.

Als Kinder Gottes, die der Heilige Geist treibt, sind wir aber aufgefordert, nicht gleichförmig dieser Welt zu sein. Das Anders-Sein in dieser Welt als Zeichen der Zugehörigkeit zu unserem Herrn bringt vielleicht weniger sichtbare, dafür aber geistgewirkte und wahre Frucht.

Ein weiteres Zeichen der Verschmelzung ist die Covergestaltung christlicher Platten. Auch auf diesem Gebiet meint man durch reißerische und zweideutige Aufmachung die Welt zu erreichen. Sie sind abstoßend und stehen im klaren Widerspruch zur biblischen Botschaft. Ich kann nicht bis an die Zähne bewaffnet auf einem Cover prangen und mich als Soldaten unter Gottes Kommando bezeichnen. Entweder wurde hier bewußt eine falsche Darstellung gewählt, oder man hat das Wort Gottes und die Waffenrüstung eines Gotteskämpfers biblisch noch nicht begriffen.

Man weiß aber auch, daß das Cover einen nicht unwesentlichen Kaufaspekt ausmacht und dies läßt sich nun mal nur in den rein kommerziellen Bereich einordnen; was ist auch anders zu erwarten, wenn weltliche Verlage und Brötchengeber ein gewichtiges Wort mitreden.

Abschließend können wir feststellen, daß eine totale Vermischung stattgefunden hat; aus weiß und schwarz ist eine trübe Suppe geworden, die die Zeichen des Todes in sich trägt, und die Entwicklung geht weiter. Paulus schreibt in Röm. 13,12: »Die Nacht ist weit vorgerückt, und der Tag ist nahe. Laßt uns die Werke der Finsternis ablegen und die Waffen des Lichts anziehen.«

Evangelisation ins Unterbewußtsein?

Ist es möglich, daß Texte eines Musikstückes in unser Unterbewußtsein eindringen und sich in Verhaltensweisen äußern können?

»Back-masking« — Rückwärtsbotschaften — ein Zauberwort unserer Zeit!

In der säkularen Musikszene ist es bekannt, daß die Beatles bereits Mitte der 60er Jahre mit dieser technischen Möglichkeit experimentiert haben. Waren diese rückwärts eingemischten Botschaften zur damaligen Zeit noch rein kommerziell gelagert, so hat in den Jahren danach eine Hinwendung zu fast ausschließlich satanischen Texten stattgefunden.

Zur technischen Möglichkeit sei gesagt, daß es kein Problem ist, in die zur Verfügung stehenden Vorwärtsspuren eine Botschaft rückwärts einzumischen. Der größte Teil dieser Botschaften ist deckungsgleich mit dem jeweiligen Vorwärtstext, doch besteht auch die Möglichkeit, unabhängig vom normalen Text, Worte oder Textpassagen mit eigener Aussage rückwärts einzumischen.

Trotz vieler wissenschaftlicher Versuche, primär in den USA, ist es nicht möglich, mit verbindlicher Sicherheit zu behaupten, daß per »back-masking« eingemischte Botschaften vom Hörer entschlüsselt werden und zu veränderten Verhaltensweisen führen. Studien haben jedoch ergeben, daß ein permanentes Ausgesetztsein sublimen Botschaften gegenüber (d.h. Mitteilungen, die nicht oder kaum wahrnehmbar auf unser Unterbewußtsein einwirken), Grundwerte eines Menschen nicht nur beeinflussen, sondern sogar verschieben können.

Zum anderen sei gesagt, daß die Machenschaften Satans sich nicht wissenschaftlich messen oder auswerten lassen. Wir haben es hier mit einer Macht zu tun, die diese Rückwärtsbotschaften ohne weiteres zur Verherrlichung Satans und zum Beschmutzen des Herrn Jesus nutzen kann, denn die Texte sprechen eine mehr als deutliche Sprache. Das Wort Gottes sagt uns von ihm, daß er als Gott dieser Welt, den Sinn der Ungläubigen verblendet. Solange sich diese Art der Manipulation ausschließlich im weltlichen Bereich abspielt, was schlimm genug ist, sehen wir hier eine weitere Bestätigung dessen, wie weit wir in der Endzeit fortgeschritten sind. Aber wir sollten mit Erschrecken zur Kenntnis nehmen, daß sich auch bereits christliche Gruppen dieses »Hilfsmittels«, wie sie meinen, mit »positiven« Texten nutzbar machen.

So ist bei der christlichen Rockgruppe »Petra« der Titel »Judas kiss« mit einer solchen Botschaft manipuliert. Da sich, wie in den meisten Fällen, keine deckungsgleiche Aussage zum Vorwärtstext ergibt, wurde hier bewußt folgende klar verständliche Textpassage eingearbeitet: »What are you looking for the devil, when you are looking for the Lord.« (Was suchst du den Teufel, wenn du nach dem Herrn suchst). Auch wenn man oberflächlich der Meinung sein kann, daß es sich dabei doch um eine positive Botschaft handelt, so kommt auf diese Weise niemand zum Glauben an den Herrn Jesus. Der Geist Gottes läßt sich nicht durch zwielichtige Machenschaften durch uns auf die Sprünge helfen.

Das Wort Gottes in seiner überführenden Aussage, wird nicht in das Unterbewußtsein hineinmanipuliert, so daß wir das überhaupt nicht wahrnehmen, sondern von einem klaren Verstand und einem bußfertigen Herzen zur rettenden Botschaft glaubend aufgenommen.

Können wir, wie bereits erwähnt, davon ausgehen, daß Satan diese Möglichkeiten der sublimen Botschaften für seine zerstörerischen und verderbenden Ziele nutzt, so kann man mit dem gleichen festen Bewußtsein sagen, daß Gott keine manipulierenden Texte braucht, um einen Menschen durch sein Unterbewußtsein anzusprechen.

Eine weitere christliche Gruppe, die sich dieser Manipulation im Rückwärtsgang bedient, ist »White Cross«. Drei Titel dieser Formation beinhalten »back-masking«, von denen eine, bewußt oder auch unbewußt eingebaut, eine zwielichtige, wenn nicht sogar satanische Botschaft weitergibt.

Ferner ist die Platte mit dem Titel »Nagasake« mit einem Aufkleber versehen, der darauf hinweist, daß diese Platte eine Botschaft enthält, die das Leben verändern kann.

Wir sehen, daß Satan auch in dieser Form bereits Einzug in den christlichen Rockbereich genommen und ein Abkippen bei der Gratwanderung stattgefunden hat.

Wie klar und eindeutig dagegen ist das Wort Gottes in seiner Aussage. Wir lesen in 1.Kor. 2,1-5: »Und ich, als ich zu euch kam, Brüder, kam nicht, um euch mit Vortrefflichkeit der Rede oder Weisheit das Geheimnis Gottes zu verkündigen. Denn ich nahm mir vor, nichts anderes unter euch zu wissen, als nur Jesus Christus, und ihn als gekreuzigt. Und ich war bei euch in Schwachheit und mit Furcht und mit vielem Zittern; und meine Rede und meine Predigt bestand nicht in überredenden Worten der Weisheit, sondern in Erweisung des Geistes und der Kraft, damit euer Glaube nicht auf Menschenweisheit, sondern auf Gottes Kraft beruhe.«

Abschließend wäre zu sagen, »Back-masking« wurde, wie so vieles, nachäffend von der Welt übernommen — sei es kommerziell oder in seinen zwielichtigen textlichen Manipulationen.

Gefühl oder Buße?

Wir kommen in diesem Abschnitt an einen brisanten Punkt, es geht hier entweder um Oberflächlichkeit oder Tiefgang.

Wenden wir uns zuerst dem Gefühl zu. Daß Gefühle täuschen können, haben wir schon oft erlebt. Das liegt u.a. daran, daß sie von äußeren aber auch inneren Stimulierungen abhängig oder beeinflußbar sind. Ist unser Glaubensleben auf einer Gefühlsbasis aufgebaut, so werden wir mit »unserem Glauben« nie glücklich werden. Wir bewegen uns laufend zwischen den Polen »Himmelhoch-jauchzend« und »Zu-Tode-betrübt«. Ein Zur-Ruhe-kommen ist nicht möglich, da uns die sichere Verankerung oder Grundlage fehlt.

Gefühle sind wie ein Wasserball auf dem Meer, der durch ein nicht beeinflußbares Element bewegt wird. Gefühle haben deshalb auch nie Anspruch auf Beständigkeit. Sie schwinden, wenn man sie auf ihren Wert prüft. Freude und Friede, die aus Gefühlen heraus entstehen, sind kaum mehr als Einbildung und somit kein persönlich zu bezeichnendes Besitztum.

Ein gefühlsbetontes Glaubensleben resultiert nicht selten aus einer unklaren Bekehrung mit mangelnder Heilsunterweisung. »Bekehrungen« dieser Art entstehen oft aus sog. Spontaneität.

Wenn sich bei einer Rockveranstaltung bis zu 50 Leute und mehr »bekehren«, möchte ich nicht leugnen, daß in diesen Menschen etwas vorgegangen ist. Aber wir haben es hier nicht mit einer Bekehrung im Sinn der Bibel zu tun. Ich habe tiefes Mitgefühl mit all den vielen jungen Menschen, die durch die Zusage bzw. Bestätigung solcher Massen-Nonstop-Bekehrungen regelrecht betrogen wurden und werden.

Sie werden mit dem Gefühl, jetzt Christ zu sein, in den Alltag entlassen. Christsein und die stimmungsmäßig dazugehörende Musik werden zu einem unzertrennlichen Gespann in ihrer weiteren Nachfolge. Und genau hier liegt der wunde Punkt. Es ist sehr schwer, derart Betrogene von ihrem falschen Weg wegzuholen. Hier klage ich die Rockmusik an, daß sie weltweit »Rock-und Pop-christen« produziert, die nicht selten bereits nach kurzer Zeit Schiffbruch erleiden und verhärtet und entkräftet meist für immer abfallen. Zu vergleichen ist das mit einem weißen Anstrich, der anfangs mehrfach ausgebessert wurde. Aber irgendwann kommt der Moment, da geht die Farbe aus und Grundfarbe schwarz kommt wieder zum Vorschein.

Kommen wir zur Buße. Dazu zwei Bibelstellen als Einstieg. Esra 10,1: »Während Esra betete und, weinend und vor dem Haus Gottes daliegend, die Schuld bekannte, versammelte sich um ihn eine sehr zahlreiche Versammlung aus Israel, Männer und Frauen und Kinder; denn auch das Volk weinte unter vielen Tränen.«

In Luk. 13,3 sagt der Herr Jesus selbst: »Ich sage euch, wenn ihr nicht Buße tut, werdet ihr alle ebenso umkommen.«

Wir sehen in diesen beiden Bibelstellen die geforderte Grundhaltung und die Auswirkung dessen, was es bedeutet, wenn Buße ausbleibt.

Haben wir eben etwas von der Oberflächlichkeit von Gefühlen gehört, so wird mit dem Begriff Buße das Zentrum des Menschen angesprochen, d.h. wir werden an den Punkt in uns geführt, wo wir nur noch Schlechtes und Sündhaftes bei uns sehen, das aus uns selbst nicht zu verbessern ist. Wir müssen einsehen, daß hier keine Sinnesverbesserung, sondern nur Sinnesveränderung helfen kann. Und an diesem Punkt steht das Kreuz. Hier erfüllt sich Jesaja 53,4 u. 5: »Jedoch unsere Leiden, er hat sie getragen, und unsere Schmerzen, er hat sie auf sich geladen. Wir aber, hielten ihn für bestraft, von Gott geschlagen und niedergebeugt. Denn er war durchbohrt um unserer Vergehen willen, zerschlagen um unserer Sünden willen. Die Strafe lag auf ihm zu unserem Frieden, und durch seine Striemen ist uns Heilung geworden.«

Darf ich die persönliche Frage stellen: Kann die Tiefe einer solchen Aussage des Wortes Gottes durch die Rockmusik mit all ihren optischen Blickfängen so weitergegeben werden, daß du nur noch sagen kannst: »Ja HERR, das hätte ich verdient, das wäre meine verdiente Strafe gewesen.«? Nie und nimmer! Paulus wußte, wovon er sprach, als er schrieb, daß der Glaube aus der Predigt, das Predigen aber durch das Wort Christi kommt (Röm. 10,17). Sündenerkenntnis und Glaube basieren auf dem gepredigten Wort und nicht auf einem Musikspektakel. In den Texten hören wir sicher viel von Sünde, aber hier wird die Sünde global und nicht zentral angesprochen. Die Zuhörer setzen diese Texte gefühlsmäßig um, aber sie zerbrechen nicht, sie liegen nicht wie Esra weinend

vor dem HERRN. Ohne diesen Zerbruch aber gibt
es keine neue Geburt! Alle anderen Ansätze bleiben im Gewand des alten Menschen stecken. Auch
wenn dieses Gewand aus Religiösität oder Rockmusik besteht. In all diesen Dingen steckt der Mo-
dergeruch des alten Menschen, der deshalb auch
nur tote Werke produzieren kann, da in ihm kein
vom Geist Gottes gewirktes Leben vorhanden ist.
Der Herr Jesus selbst sagte einmal, daß wir danach ringen sollten, durch die enge Pforte einzu-
gehen (Luk.13,24). Der Weg bis zur Bekehrung ist
nicht selten ein Kampf, bei dem es innerlich in uns
tobt.

Die enge Pforte zeigt uns, hier müssen wir uns
bücken; hier muß unser Sündenrucksack abgelegt
werden, sonst passen wir nicht durch.

In wie vielen persönlichen Zeugnissen christlicher
Rockmusiker ist keine Rede von Buße, hier geht
man aufrecht und locker mit Metal-Musik in ein
angeblich neues Leben.

Die Frage stellt sich unwillkürlich, ist man hier
durch die enge Pforte gegangen, von der der Herr
Jesus sprach, oder war das eine selbstgezimmerte
Tür, maßgeschneidert nach den eigenen Wünschen
und Bedürfnissen? Noch einmal, Buße heißt, sich
selbst erkennen, dann bekennen und das stellvertretende Opfer des Herrn Jesus für sich ganz persönlich in Anspruch nehmen. Die Wiederkunft des
HERRN wird es ans Licht bringen, wer nur an-
gestrichen und wer echt erneuert ist. Sinnesverbesserung bedeutet Tod, Sinnesveränderung ewiges
Leben in der Gemeinschaft mit dem HERRN.

Nachwort

Abschluß dieses Buches soll ein Leserbrief sein, der die ganze Bandbreite der Problematik christlicher Rockmusik dokumentiert.

»Ich bin mir nicht ganz sicher, warum ich diesen Brief schreibe, aber ich habe wirklich etwas auf dem Herzen. Gestern Abend nahmen mein Mann und ich meine gerade wiedergeborene Schwester in ein christliches Konzert mit. Das war für sie eine seltene Gelegenheit auszugehen, da unsere Eltern sehr streng sind.

Die Musiker beider Gruppen, die an diesem Abend spielten, habe ich schon lange wegen ihrer Talente und Gaben bewundert. Ich war jedoch gleich am Anfang verstört, dann verärgert, dann voller Bedauern, und am Schluß hatte ich mich von jedem Christen in der Halle entfremdet.

Gleich von Anfang an schrien und brüllten die Zuhörer, klatschten wild und schnappten fast über bei der Vorstellung der ersten Musiker. Traurigerweise spielte dieser Mann auch gleich in dieses Fieber hinein. Als dann der zweite Musiker, der wirkliche Star der Show, vorgestellt wurde, dachte ich, daß die Leute von ihren Sitzen aufspringen würden und auf die Bühne stürmen wollten. Mädchen schrien, Männer brüllten und pfiffen, so laut sie konnten. Und ich wünschte, ich würde mit dieser Darstellung übertreiben.

Ich konnte die Worte der Lieder nicht verstehen. Die Musik hat sie nicht nur total verschluckt, sondern die größte Emphasis lag auf dem Talent der Musiker. Wo blieb die christliche Nachricht? Witze auf der Bühne, Ermunterung zu flegelhaftem Benehmen, und all dies trug den Stempel meines gekreuzigten HERRN.

Oh, wie habe ich mir gewünscht, das Mikrophon in die Hand zu nehmen und zu sagen: »Leute, benehmt euch. Ich bereue unsere Musik, wenn sie euch zum Durcheinander und zur fleischlichen Hingabe führt.«

Aber die Show ging weiter... aber ohne uns. Als wir nach eineinhalb Stunden keine Veränderung sahen, gingen wir mit bleischwerem Herzen nach Hause. Bitte betet für meine Schwester, weil sie jetzt ganz durcheinander ist und Christen nicht mehr versteht.« (Aus: »Last Days Newsletter« von Keith Green, April/Juni 1982)

Das Büchlein wäre falsch verstanden, wenn wir die Aussagen und Argumente sowie die biblischen Bezüge bejahen und uns dann wieder gemütlich in unseren Sessel der Passivität zurücksetzen würden. Die Entwicklung der christlichen Rockmusik ist sicher nicht mehr aufzuhalten, im Gegenteil, sie wird noch schlimmere Formen der Verweltlichung annehmen. Wir aber sollten wieder aufmerksam werden auf junge Menschen, die durch die Musik irregeleitet werden. Sie brauchen unsere Liebe und Fürsorge. Wichtig ist auch, daß wir uns nicht scheuen, in unseren Gemeinden den biblisch fundierten Dialog zu suchen.

Toleranzdenken oder Gleichgültigkeit diesen Dingen gegenüber bedeutet, sich ebenfalls schuldig zu machen. Die jungen Leute von heute sind die Verantwortlichen von morgen, auch in unseren Versammlungen und Gemeinden.